Apprends à construire ton château dans Minecraft

Stéphane Pilet

Apprends à construire ton château dans Minecraft

"Minecraft" est une marque déposée de Mojang Synergies AB

Textes écrits par Stéphane Pilet (aka Stef Leflou)
Corrections et relectures : Delphine Brennan
Mise en page : Stéphane Pilet

404 Éditions, un département d'Édi8
12, avenue d'Italie 75013 PARIS – France

ISBN : 979-1-0324-0112-5
Dépôt légal : mars 2017
Imprimé en Italie
Graphisme : Stéphane Pilet

Loi n°49-956 du 16 juillet 1949 sur les publications destinées à la jeunesse, modifiée par la loi n°2011-525 du 17 mai 2011.

Introduction

Apprenti builder, bienvenue dans la collection "Bloc par bloc". Cette série de livres est dédiée à l'un des passe-temps favoris des joueurs de Minecraft : le build. Fabriquer une maison ou un château, recréer un univers d'heroïc fantasy, de science-fiction ou inspiré de tes lectures favorites : tout ceci est possible dans Minecraft. Il faut cependant de la méthode et de la patience. Tu trouveras ici une construction originale à recréer et à modifier selon tes goûts, ainsi que les conseils de l'une des teams de build les plus talentueuses en France : CeltiCraft. Ce type de construction (appelé "mégabuild") te permet d'être toujours plus inventif et, avec un peu d'expérience, tu pourras travailler cette base pour la modifier selon tes goûts et ton inspiration. Ne sois pas impressionné par l'ampleur de ce qui est présenté dans le livre. Chaque chapitre t'explique comment réaliser une partie de cette construction (tour, muraille, décoration et palais). C'est le moment de retrousser tes manches et de lancer une session de Minecraft en mode créatif !

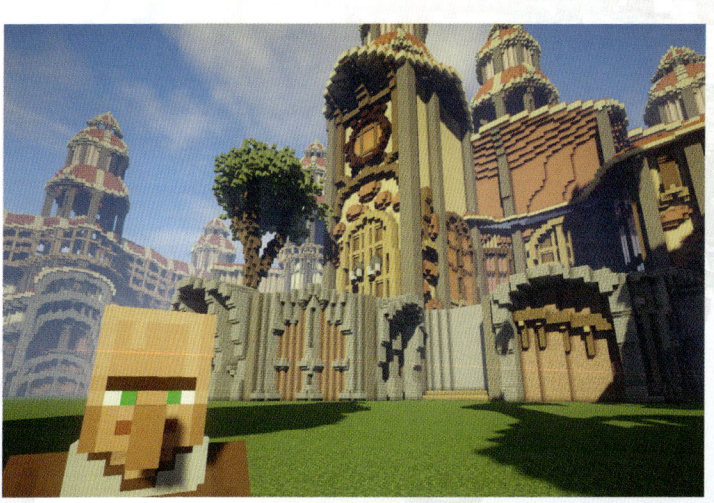

dans Minecraft

Chapitre 1

Préparatifs

Tu vas bientôt t'attaquer à la construction de ton château. Mais avant d'entrer dans le vif du sujet, voici quelques conseils de base à retenir.

Avant de se lancer dans la construction, il est important de choisir ses blocs. Sélectionne des teintes qui te plaisent. Pour chaque couleur, tu vas trouver des variantes parmi tous les blocs disponibles dans Minecraft. Il faut également choisir des matériaux qui se marient bien ensemble ou sont complémentaires. Par exemple, les pierres taillées (grises) s'accordent bien avec les différents types de bois et d'argiles.

Apprends à construire ton château

Le conseil d'Artase

Artase, le fondateur et également le gérant de l'équipe de build CeltiCraft, préfère travailler avec le pack de textures de base de Minecraft. Il existe suffisamment de blocs différents pour que le rendu soit très bon, sans devoir forcément en utiliser un différent. Toutes les constructions que tu vas voir dans ce livre sont réalisées avec les textures originales du jeu.

Il est également conseillé de choisir des blocs dont les contours ne sont pas trop marqués. Ainsi, on distinguera moins la jonction entre les blocs et le résultat sera plus cohérent. Tu peux faire des essais en créant des murs de blocs afin de voir le rendu. Pose également des blocs au sol selon leurs teintes. De cette manière, tu pourras aussi travailler sur des dégradés de couleurs. Il est important de passer un peu de temps sur ces tests pour choisir tes blocs. Lorsque tu sais ce que tu veux construire et quels blocs tu veux utiliser, le gain de temps est considérable.

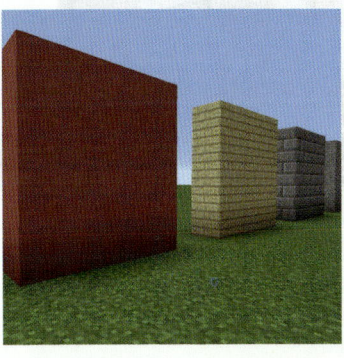

dans Minecraft

Chapitre 1

Le bloc escalier est très souvent utilisé en construction. Il permet de donner des effets de relief très intéressants. Dans les premiers temps, il est difficile de le poser dans la position voulue. Cela dépend de l'endroit où l'on clique sur le bloc (en haut ou en bas). Pour bien comprendre, fais le test avec une dalle posée contre un mur. Si tu cliques en haut du mur, la dalle se place en haut. Le bloc escalier se comporte de la même manière. De plus, il peut être orienté différemment selon la direction dans laquelle tu regardes en le posant. Fais plusieurs tests pour te familiariser avec ce bloc.

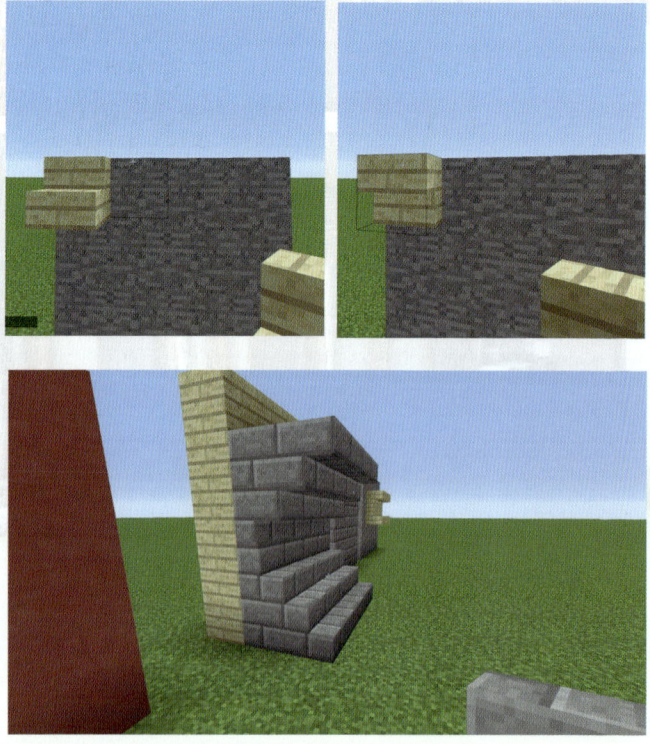

Apprends à construire ton château

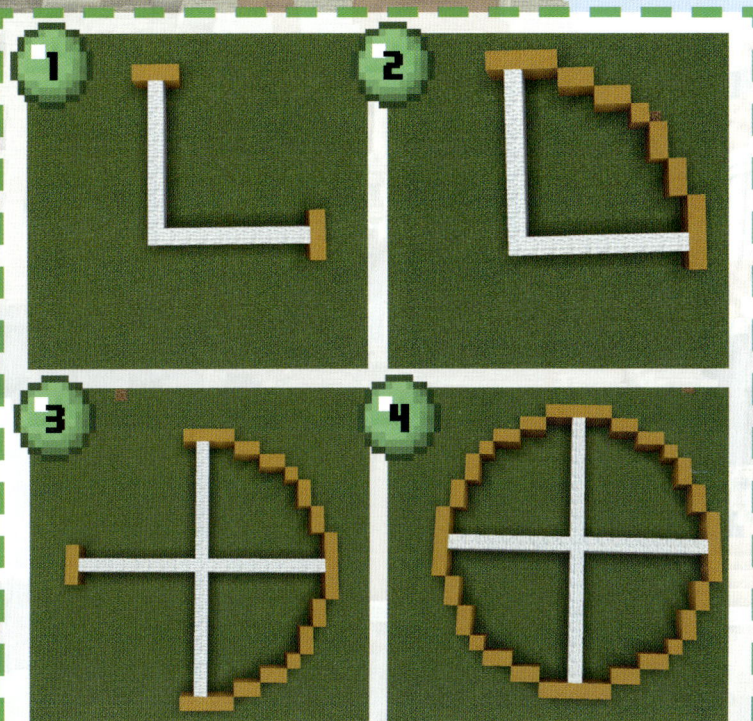

Le cercle est un élément important à travailler. Il existe des sites Internet qui montrent combien de blocs constituent un cercle. World Edit permet d'en faire apparaître en un clin d'œil, mais mieux vaut t'entraîner à le faire. Une méthode simple consiste à tracer au sol 2 lignes qui vont symboliser le rayon. Ensuite, il faut poser les blocs de sorte que les extrémités se rejoignent. Avec un petit peu de pratique, tu vas vite comprendre comment poser les blocs pour former un arc de cercle. Ensuite, répète cette action sur les autres quarts de cercle. Cette méthode permet de gagner en assurance. Entraîne-toi pour y arriver, et tu seras plus rapide qu'en recopiant un exemple.

Chapitre 1

World Edit ou pas ?

World Edit est un outil couramment utilisé par les builders dans Minecraft. Cependant, je ne te conseille pas de l'installer dans un premier temps. Beaucoup de builders ont pris de mauvais réflexes en l'utilisant trop tôt. Sur des projets simples, il est plus instructif de construire bloc par bloc, même si cela semble plus lent. World Edit permet de copier des morceaux de constructions et de créer des cartes plus rapidement. Cependant, ce plugin ne t'aidera pas à faire des constructions plus belles ou plus inventives. Tu ne seras pas moins bon que les autres si tu mets plus de temps à construire un mur de 30 blocs de haut.

Les premiers pas dans le build sont parfois un peu éprouvants. Tu ne réussiras peut-être pas un cercle parfait du premier coup, et le placement de certains escaliers peut se révéler moins facile que prévu. Il ne faut pas se décourager, c'est tout à fait normal. Dès que tu sens un peu d'énervement ou de découragement, mieux vaut arrêter et revenir plus tard sur ta construction. Une session de 15 ou 20 minutes de build est parfois beaucoup plus efficace que plusieurs heures infructueuses d'affilée.

Apprends à construire ton château

H'hésite pas non plus à reprendre certaines étapes. Si une tour ne te plaît pas, commence la construction d'une autre plus loin, ou travaille sur une autre partie du château. Même les pros commencent des constructions, puis changent ou modifient des parties qui ne leur plaisent pas assez. Construire dans Minecraft, c'est aussi apprendre à devenir patient. Il est possible que ton résultat soit un peu différent des modèles. C'est tout à fait normal. L'essentiel en build est de retrouver la forme finale que tu veux reproduire. Les exemples de ce livre te permettront, au fur et à mesure, de trouver plus de liberté dans tes constructions, et de te concentrer sur les formes plus que sur le nombre de blocs à placer.

Chapitre 2

Les tours

Les tours permettent de repérer les ennemis de loin ! Tu peux en placer autant que tu le souhaites, et de différentes hauteurs.

Blocs utilisés

Ces tours sont composées de deux étages, d'un toit et d'un clocher. Ajouter des étages ne sera pas très difficile, une fois que tu auras compris la base. Il faut compter autour d'une heure de construction, le plus long étant souvent lié aux finitions qui rendent la tour crédible lorsqu'on l'observe de loin. Attention, plus le cercle de départ sera grand, plus la construction prendra du temps. Au départ, n'hésite pas à travailler avec un cercle de taille raisonnable pour ne pas te décourager ! Quand tu maîtriseras la construction des tours, amuse-toi à varier la couleur des blocs d'argile pour le toit, ou à modifier la teinte du verre.

Le conseil d'Artase

Lorsque tu vas commencer la construction de ta première tour, Artase préconise de travailler seulement sur un quart de cercle. Cela permet d'avoir une vision de ton build final et, en ne construisant que sur un quart de cercle, tu corrigeras plus vite tes erreurs. Une fois satisfait du résultat sur une façade, il suffira de recommencer sur les autres parties de la tour. Artase explique aussi que ce sont les formes des toits qui donnent vraiment du cachet à ce genre de build (parfois plus que les murs). Il n'est pas utile de chercher à mettre trop de détails dans une construction. Mieux vaut rester simple et travailler les volumes.

Chapitre 2

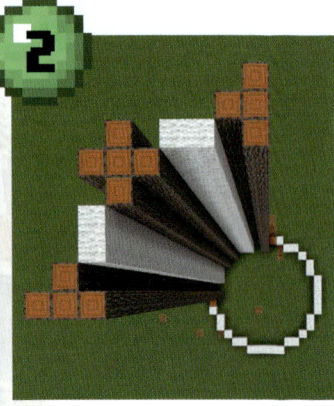

Commence par tracer un cercle au sol. Ici, le diamètre est d'une dizaine de blocs. Sur un premier quart de cercle, place les blocs de bois qui serviront de piliers. Élève-les, ainsi que les murs, pour créer le premier étage de la tour (ici, une trentaine de blocs).

Utilise des blocs de pierre taillée à la base de la tour. Cela va donner du volume à la construction. Pour ajouter du relief et affiner certains décrochés, place des escaliers. Utilise le même type de bloc pour que l'ensemble reste homogène.

Apprends à construire ton château

En posant des escaliers les uns sur les autres, tu peux donner l'illusion qu'on a taillé dans la roche. Suis simplement le contour de la tour pour poser les blocs de pierre taillée.

Place les blocs à une hauteur similaire. De temps en temps, tu peux créer une irrégularité pour rendre la construction plus réaliste. Utilise ensuite des blocs de bois et pose-les de manière irrégulière, comme sur l'image n°8. Enlève de la matière à certains endroits.

dans Minecraft

Chapitre 2

Place des blocs de bois, de façon à former des arches entre le pilier central et les deux autres. Remplace les blocs de laine par des vitres au milieu, et par des blocs de grès en haut et en bas de la tour. En utilisant la commande /give @p log 17 12, tu peux obtenir le bloc de bois qui possède la texture de l'écorce sur toutes les faces.

Il est temps de travailler sur le deuxième étage de la tour. Prolonge les piliers de bois sur plusieurs blocs de hauteur et entoure-les de planches de bouleau.

Place des blocs de pierre sous les planches de bouleau pour habiller la tour (comme pour la base). Ensuite, à partir des deux piliers extérieurs, pose des planches jusqu'à rejoindre le centre du cercle pour former l'armature du toit.

Utilise des blocs d'argile colorée à l'intérieur de la structure en bois pour créer des tuiles. Suis la forme du toit et prends du recul régulièrement pour voir l'effet de loin. Sur la charpente, pose des escaliers en bois sur les planches pour affiner le rendu de l'arrondi.

Chapitre 2

Pour créer le clocher, monte quatre piliers de bois depuis le haut du toit. Entoure-les de planches et crée un toit, comme tu l'as fait précédemment. Ensuite, tu peux travailler sur les finitions en creusant les piliers.

Une fois les finitions terminées, prends un peu de recul pour admirer ta première tour. Elle aura sans doute quelques défauts, que tu corrigeras en construisant la prochaine. Tu pourras utiliser d'autres blocs si tu veux varier les teintes.

Apprends à construire ton château

Tu peux créer un balcon avec des planches de bois un peu plus sombres. Utilise la technique vue à l'étape n°11. Pour créer une rambarde, laisse un espace de quelques blocs en hauteur, comme sur l'image n°20.

N'hésite pas à tester des variations sur tes créations. Pour donner un effet arrondi au toit, remonte légèrement les planches de bouleau, un pilier sur deux. Avec un peu d'entraînement, tu construiras les tours de plus en plus facilement.

dans Minecraft

Chapitre 3

La muraille

Accolée aux tours, cette construction protège la cité et le château des envahisseurs ennemis.

Blocs utilisés

La muraille est plus rapide à construire que les tours, mais le travail peut rester de longue haleine, selon la taille de ton château. Ces murs vont relier toutes les tours entre elles. Au départ, commence avec un projet de taille réduite.

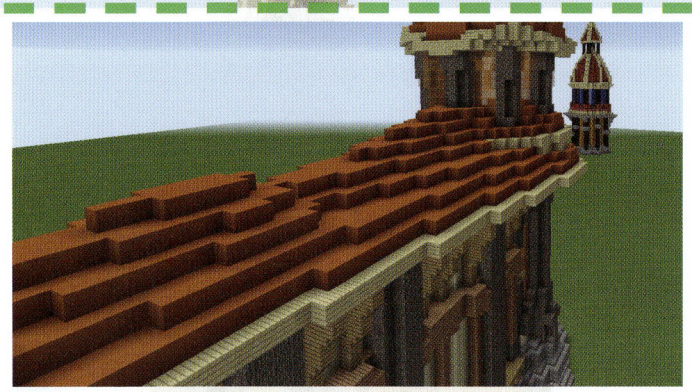

Le conseil d'Artase

Avant de travailler sur les détails, il faut toujours avoir une idée générale de ce que tu souhaites mettre en place. Pour cela, n'hésite pas à créer un schéma au sol de ce que tu as en tête (ou dessines-en sommairement la forme sur un bout de papier). Par exemple, sur l'image ci-dessous, les blocs blancs représentent les tours, et les blocs de bois symbolisent les murailles à fabriquer.

Chapitre 3

Pour démarrer la construction, il faut en tracer la forme au sol. Décale légèrement les portions de ta muraille. L'effet sera plus réaliste qu'avec un mur tout droit.

Monte l'ensemble d'une petite dizaine de blocs. Le toit de cette muraille arrivera au niveau du premier étage de la tour. Utilise des planches et pose-les le long du mur, entre les piliers de bois.

Apprends à construire ton château

Pose des escaliers à l'envers, sous les planches. Le décrochage permet de donner l'illusion d'une légère courbure. Monte la deuxième partie de la muraille jusqu'au premier étage de la tour.

Monte les piliers de bois à la même hauteur que ce mur. Ensuite, reproduis la décoration du bas de la muraille sur les autres pans de mur (étapes n°4 et 5).

dans Minecraft

Chapitre 3

Pose des blocs de pierre à la base de la muraille. Cela permet de créer un lien cohérent entre les murailles et les tours.

Choisis des planches de bois d'un ton différent pour habiller le mur, comme sur l'image n°11. En haut du mur, garde un peu de place pour fabriquer, à l'aide de planches et d'escaliers, la structure voutée sur laquelle reposera le toit de la muraille.

Apprends à construire ton château

Pour créer sa courbure, épaissis la structure en hauteur et affine-la avec des escaliers posés à l'envers. Place ensuite une série de planches en bois pour constituer le toit, comme sur l'image n°14.

Pour fabriquer le toit, utilise les même blocs que pour les tours. À chaque étage, décale les tuiles d'un bloc sur le côté, jusqu'à arriver au milieu de l'épaisseur de la muraille. Ensuite, le toit va redescendre de l'autre côté de la structure.

Chapitre 3

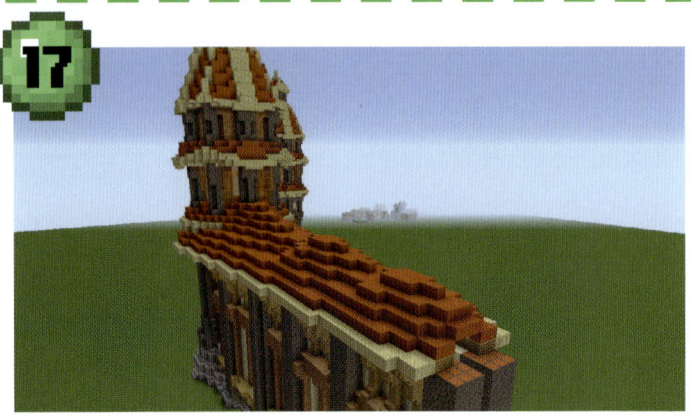

Il faut répéter tout ce processus de fabrication de l'autre côté de la muraille. Ensuite, tu peux affiner la jonction entre la tour et la muraille, pour donner l'impression qu'elles forment un seul et même bâtiment.

Si certains tronçons de la muraille ne sont pas identiques, cela n'a pas d'importance. La muraille est terminée. Les ajustements des étapes n°19 et 20 permettent de créer l'entrée principale du château.

19

Pour commencer, enlève les blocs qui symbolisent les tuiles sur le premier tronçon de la muraille. Prolonge les piliers de bois en hauteur (quasiment jusqu'au clocher de la tour).

20

Crée un décroché d'un bloc et utilise des escaliers à l'envers pour affiner le relief. Cet étage supplémentaire servira à construire une coursive qui passera au-dessus de la porte d'entrée. Nous la verrons plus en détail dans le prochain chapitre.

Chapitre 4

La porte d'entrée

Cette porte voûtée est surplombée par une coursive. L'entrée d'une enceinte de château se doit d'être impressionnante.

Blocs utilisés

Fabriquer la porte est un bon moyen d'apprendre une nouvelle façon de décorer une façade. La coursive est composée d'un balcon et d'un toit. Sa création fait appel à des techniques déjà utilisées pour la création des tours et de la muraille.

Apprends à construire ton château

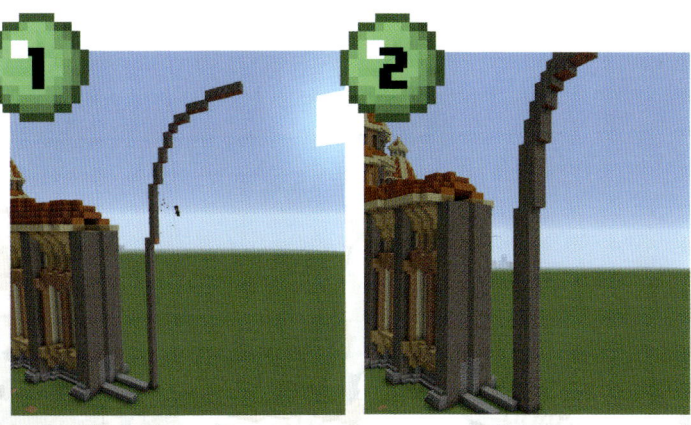

Commence par dessiner la voûte, en laissant un espace entre le dernier tronçon de la muraille et le début de la porte. Tu peux poser une ligne de blocs verticaux au centre de l'arche pour t'aider à créer sa forme (comme pour tracer un cercle).

Lorsque tu as trouvé la forme de la porte, épaissis-la jusqu'à ce qu'elle soit de la même largeur que la muraille. Ensuite, construis une colonne qui part du sommet de la porte. Ajoute des planches en bois pour créer la base de la structure qui habillera le bas de la coursive.

Chapitre 4

À l'aide de planches de bois, relie les escaliers posés sur les deux piliers élevés aux étapes n°19 et 20 du chapitre précédent. Cela servira à créer l'encadrement d'une fenêtre. Utilise des planches et des escaliers pour donner du volume en posant plusieurs blocs d'épaisseur.

Fabrique l'encadrement de la fenêtre en utilisant un bois d'une teinte différente. Pour donner de la profondeur, place l'encadrement à l'intérieur de la muraille.

Choisis des blocs de verre (ici, la teinte est orange) et place-les pour former les vitres. Tu peux aussi tailler les piliers de bois pour donner du relief à l'encadrement des fenêtres.

À l'aide de planches et d'escaliers, tu vas fabriquer le support du toit de cette partie du bâtiment. Commence à monter la charpente avec le bois utilisé pour les autres toits, afin de faire un rappel de teinte.

dans Minecraft

Chapitre 4

En posant des escaliers en angle sur le côté des blocs du toit, tu vas obtenir l'effet de l'image n°13. Place ensuite des blocs de tuiles à l'intérieur de la structure en bois.

Suis simplement le dénivelé imposé par la structure du toit pour poser les tuiles. Ensuite, donne un peu de relief à l'ensemble en plaçant quelques blocs supplémentaires au centre, comme sur l'image n°16.

Apprends à construire ton château

Fabrique le balcon en utilisant des escaliers posés à l'envers, sous le toit. Crée des piliers en bois et habille-les de la même manière, en utilisant des planches de bois et des escaliers.

Relie ensuite le haut de l'encadrement de la fenêtre (créée à l'étape n°10) au balcon que tu viens de construire, en conservant le principe des étapes n°17 et 18. Un léger décroché permet de donner du volume à l'ensemble.

dans Minecraft

Chapitre 4

Lorsque tu es satisfait du résultat, recommence l'opération sur l'autre pan de la muraille. Prolonge ensuite le troisième pilier de bois au-dessus des tuiles de la muraille, pour créer une nouvelle fenêtre, plus petite, cette fois.

Reprends la technique des étapes n°13 et 14 pour fabriquer ce toit. Sur chaque décroché, ajoute une série de planches et d'escaliers en bois. Le sommet arrive à peu près à la moitié du balcon créé aux étapes n°17 et 18.

Apprends à construire ton château

Comme tu peux le voir, cette partie de la construction est accolée à la précédente. Une fois la charpente du toit terminée, place les blocs de tuiles.

Trace l'encadrement de cette nouvelle fenêtre avec les mêmes planches de bois que la précédente (images n°7 et 8). Utilise des blocs de verre pour terminer.

dans Minecraft

Chapitre 4

Place des blocs de bois sur le côté de la construction, sous la charpente, en suivant la courbe du toit. Pose également des planches de bois, comme pour créer un encadrement de fenêtre.

Ferme cette partie de la construction en utilisant des planches de bois d'une autre couleur. Place-les en retrait d'un bloc, afin de créer du volume. Ensuite, prolonge le toit en utilisant des escaliers et des planches.

Apprends à construire ton château

Pour terminer le toit, répète la voûte de la charpente avec un cran de décalage vers le bas. Il te suffit ensuite de fermer la structure avec des planches de bois, comme tu l'as vu à l'étape n°31.

Répète les étapes n°5 à 34 de l'autre côté de la porte, pour obtenir le résultat ci-dessus. Il reste maintenant à créer la coursive qui va passer au-dessus de la porte. Elle sera essentiellement constituée d'un balcon et de toits. C'est une bonne occasion d'affiner tes techniques de construction d'arrondis.

Chapitre 4

Sur la voûte, monte un pilier de bois, comme sur l'image n°37. Ensuite, prolonge le balcon jusqu'à ce pilier, en montant régulièrement d'un bloc vers le haut pour former une légère pente.

Place une série d'escaliers à l'envers sur le pilier, puis des planches de bois au-dessus, pour commencer à tracer le support du premier toit de la coursive.

À nouveau, place des escaliers à l'envers. Ensuite, commence la charpente en posant une nouvelle série de planches de bois, comme pour les autres toits.

Pour donner du relief au toit, utilise des escaliers posés en angle. La charpente en bois clair se place au-dessus de chaque pilier.

dans Minecraft

Chapitre 4

Place ensuite de l'argile orange pour les tuiles du toit, toujours en commençant par les bords de la charpente.

Remplis le toit avec les tuiles, en suivant le décroché imposé par la courbure du balcon. Prends du recul pour t'assurer que le positionnement des tuiles semble naturel, et corrige les petits défauts qui pourraient apparaître.

Apprends à construire ton château

Quelques blocs au-dessus de la structure du balcon, pose des planches en bois, en suivant la même courbe. Épaissis cette première ligne et crée des piliers, comme tu l'as fait dans les étapes n°17 et 18.

Entre le haut de la porte et le toit, pose des séries de planches en bois entre les piliers pour habiller le balcon. Comme toujours, travaille sur une moitié puis répète les opérations sur la seconde, une fois satisfait du résultat.

Chapitre 4

Utilise la brique du Nether pour fabriquer le mur au centre de la coursive. Choisis ensuite un autre matériau pour la partie basse (la laine blanche va ici contraster avec la couleur sombre de la brique du Nether).

Lorsque tu auras suivi toutes ces étapes, voilà à quoi devrait ressembler la façade. Il ne reste plus qu'à travailler sur les fenêtres situées aux extrémités (normalement, une coursive sert de passage mais ici il s'agit surtout d'un décor).

Utilise des blocs de bois en suivant la forme de la charpente, comme à l'étape n°31. Ensuite, pose des planches pour créer l'encadrement de la fenêtre. Places-en d'autres pour fabriquer un prolongement du balcon, sous la fenêtre. Enfin, pose les vitres.

Tu peux commencer à travailler sur les parties adjacentes à la porte d'entrée. Utilise des pierres pour monter un mur jusqu'au premier décroché de la voûte. Épaissis-le avec des planches et des escaliers.

dans Minecraft

Chapitre 4

Pose des blocs d'andésite pour contraster avec la couleur du mur. Crée des formes irrégulières, sur deux niveaux d'épaisseur.

Utilise de l'argile grise pour éclaircir ces énormes blocs de pierre. Tu peux également poser de l'andésite derrière le mur. L'épaisseur entre les deux parties du build va permettre de créer des trous dans le mur, pour lui donner un aspect usé.

Prolonge le toit de la muraille avec des planches claires et ferme la partie haute du mur avec de la laine blanche. C'est important de donner l'impression que toutes les parties du build sont naturellement liées les unes aux autres.

Avec des planches d'un bois plus sombre, fabrique les piliers qui soutiennent le toit de la muraille, comme tu l'as fait dans le chapitre précédent. L'ensemble devrait ressembler à l'image n°67.

Chapitre 5

Les décorations

Ces décorations peuvent s'ajouter aux murs de ton choix pour casser la monotonie des murailles qui entourent le château.

Blocs utilisés

Ce design fait plus d'une centaine de blocs de longueur. Tu peux l'adapter sur une muraille moins longue, ou juste créer une partie de cette décoration à l'endroit de ton choix. Le build doit rester souple et amusant à faire.

Apprends à construire ton château

Commence par construire une arche, de la même manière que tu as conçu la porte dans le chapitre précédent. Épaissis la structure. Au centre et au quart de la voûte, pose des blocs jusqu'au sol pour former des colonnes.

Place des escaliers en haut et en bas de ces piliers. En suivant la courbe de l'arche, pose des blocs transversaux, comme tu peux le voir sur l'image n°3.

dans Minecraft

Chapitre 5

Place des escaliers à l'envers pour affiner la courbe, et ajoute des blocs pour qu'elle soit aussi épaisse que les principaux soutiens de l'arche.

Ajoute des blocs à l'extrémité de l'arche pour avoir un rendu similaire à l'image n°7. Place également des escaliers au niveau de chaque décroché, pour adoucir la courbe. Pose ensuite des blocs de bois derrière l'arche, comme sur l'image n°8.

Apprends à construire ton château

Utilise du granit pour créer le mur derrière l'arche. Tu peux choisir un autre type de pierre, selon la teinte que tu veux obtenir. Ensuite, à la base de l'arche, pose des blocs en créant un petit dénivelé, comme sur l'image n°10.

À côté de l'arche, avec des blocs et des escaliers, construis deux structures en pierre, à quelques blocs d'écart l'une de l'autre. Relie-les ensuite avec des planches de bois. Décale légèrement ces blocs afin d'obtenir une légère courbe.

dans Minecraft

Chapitre 5

Monte le mur au même niveau que les structures en pierre. Pose des escaliers à sa base, puis crée une colonne et un balcon qui vont réunir les deux structures.

Pose des escaliers sur ce balcon pour lui donner du volume. Enfin, crée une jonction entre l'arche et ces structures de pierre, comme sur l'image n°16.

Apprends à construire ton château

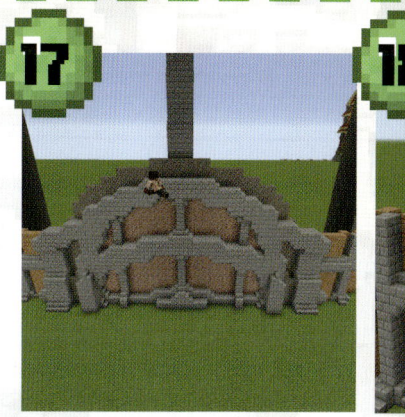

Lorsque tu es satisfait du résultat, recommence ces étapes pour créer la symétrie et obtenir un résultat similaire à l'image n°17. Pour commencer une nouvelle décoration, prolonge la dernière structure en pierre en créant un arrondi avec des blocs et des escaliers.

À un bloc d'écart, monte un gros mur de pierre. Il doit dépasser d'environ 5 blocs le sommet de la courbe de l'image n°18.

dans Minecraft

Chapitre 5

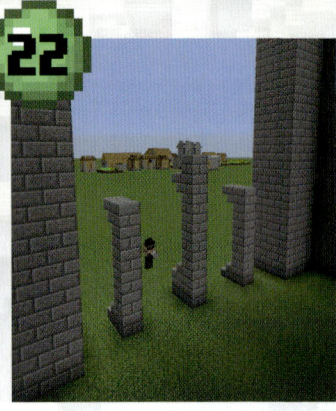

Maintenant, crée une arche (comme sur l'image n°21) en reprenant les méthodes utilisées pour la porte d'entrée. La largeur peut varier selon la taille de la muraille que tu souhaites habiller. Entre les piliers, construis des colonnes de différentes hauteurs.

Utilise des blocs de pierre pour relier ces colonnes. Tu peux faire varier la hauteur et les courbes. Inspire-toi de ce que tu peux voir sur l'image n°24.

Apprends à construire ton château

Dans l'espace supérieur, place des blocs pour former un cercle. Tu devras peut-être essayer plusieurs fois si ton arche est un peu trop étroite. N'hésite pas à l'élargir un peu au besoin.

Prends régulièrement du recul pour vérifier que la forme de la structure te convient. Tapisse ensuite de granit le fond de cette nouvelle arche. Laisse le centre du cercle vide, afin d'y placer un autre type de décoration.

Chapitre 5

Utilise des blocs de verre orange (ou d'une autre teinte, si tu préfères) pour remplir le cercle. Ensuite, pose des blocs de bois à la place des vitres, pour obtenir le motif de l'image n°30.

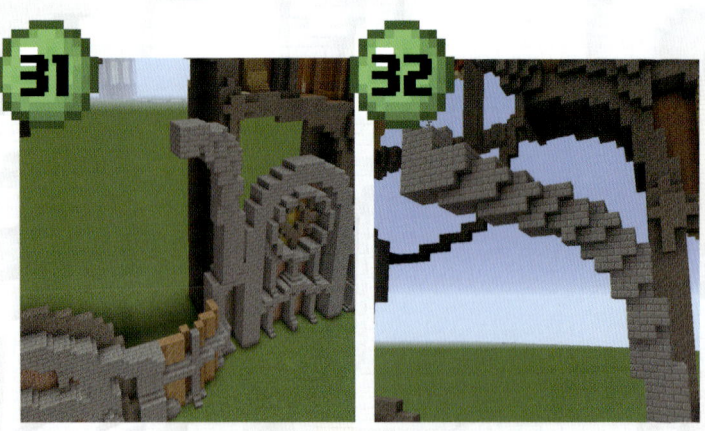

En haut de la colonne créée à l'étape n°18, monte une arche encore plus haute, avec une courbe sur la gauche. Cette fois, pour la voûte, décale les blocs d'un cran à chaque décroché. Cela créera un effet de perspective intéressant pour la suite du build.

Apprends à construire ton château

Au-dessus des piliers de la première arche, crée une nouvelle voûte. Ensuite, fais descendre des blocs de pierre à la verticale, jusqu'à rejoindre l'arche du bas. De temps en temps, décale les blocs vers l'intérieur. Tu peux aussi monter le pilier en bois central qui va rejoindre cette nouvelle voûte.

Au milieu de cette nouvelle arche, crée une autre courbe. Avec des blocs de bois, suis sa forme, jusqu'à rejoindre la première arche. Utilise des planches pour combler le trou. Tu devrais obtenir un résultat similaire à l'image n°36.

dans Minecraft

Chapitre 5

Arrivé à la moitié de la construction, reprends les étapes précédentes pour fabriquer l'autre partie de l'arche. Ensuite, construis une nouvelle courbe, au-dessus de la précédente.

Dans la partie inférieure, place des colonnes à intervalles réguliers. Ensuite, pose des briques du Nether dans le fond, pour avoir une teinte sombre. Dans l'espace supérieur, utilise du grès pour avoir une teinte plus claire, comme sur l'image n°40.

Apprends à construire ton château

Au pied des colonnes, utilise des escaliers pour adoucir les arrondis. Tu peux ajouter des blocs à leur sommet pour créer un relief supplémentaire.

Comme aux étapes n°39 et 40, fabrique des colonnes dans la partie supérieure. Reviens au mur adjacent (étapes n°11 à 14) et prolonge la colonne centrale jusqu'à ce qu'elle rejoigne la voûte.

Chapitre 5

Sur la voûte de l'arche, utilise des planches pour créer la charpente du toit, en suivant la courbure. La profondeur dépendra de l'écart entre ta muraille et cette décoration.

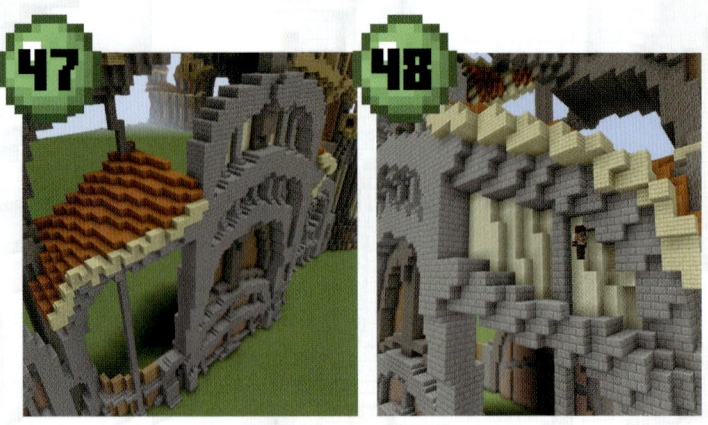

Crée la symétrie du toit. Ensuite, tu peux construire une nouvelle courbe, une dizaine de blocs plus bas, similaire à celle de l'étape n°32. Remplis le fond avec des blocs de grès.

Apprends à construire ton château

49

Tu peux élargir la colonne de l'étape n°44 et remplir les espaces adjacents avec des blocs de bois. Cela fera un rappel de teinte et rendra l'ensemble homogène.

50

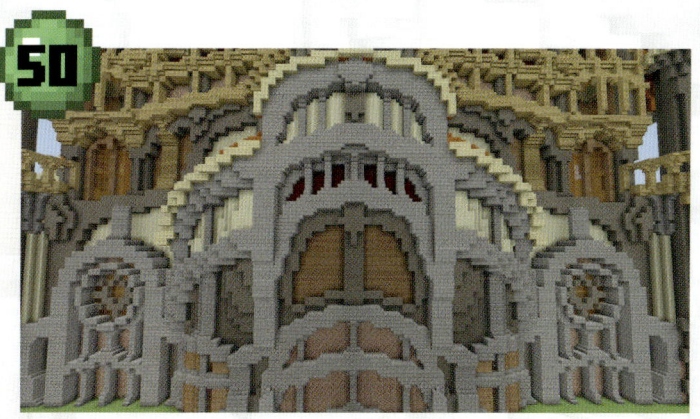

Au sommet de l'arche la plus haute, tu peux ajouter des blocs de pierre, en forme arrondie ou elliptique. Utilise également des planches de bois pour créer le toit. Enfin, il faudra faire des ajustements pour finaliser la jonction entre cette décoration et la muraille. Ici, une coursive a été ajoutée.

Chapitre 6

Le palais royal

Un château se doit d'avoir son palais royal. Voici comment en créer les bases.

Blocs utilisés

Ce palais est constitué d'un bâtiment central, entouré de plusieurs façades. Il surplombe également une série de murs. Ce chapitre t'explique comment construire tout cela.

Apprends à construire ton château

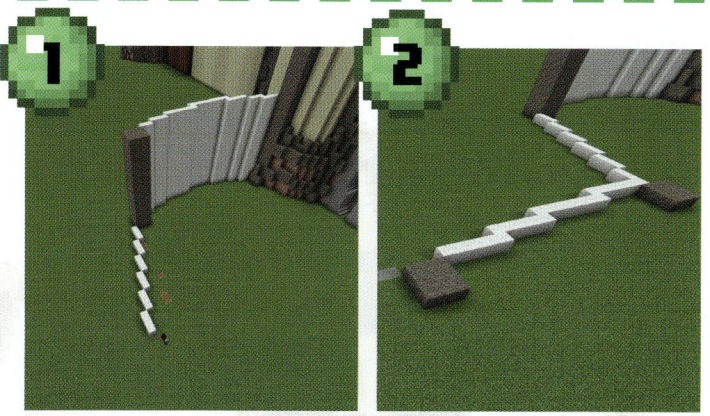

Avant de commencer le build dans le détail, il faut préparer la zone de construction en traçant chaque mur au sol. Définis aussi l'emplacement de l'entrée du palais.

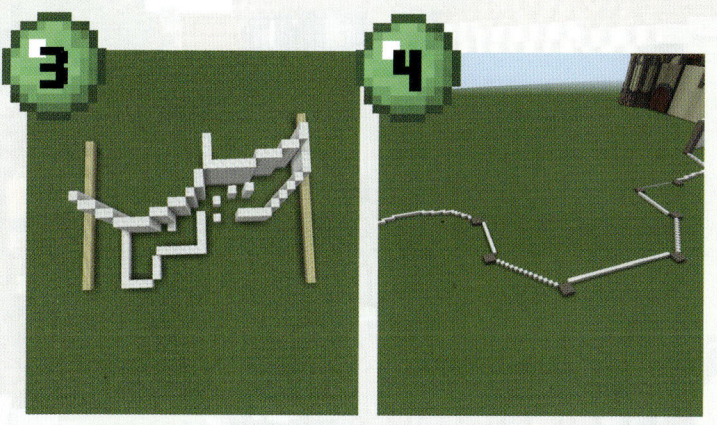

Il est conseillé de dessiner au sol une version miniature de ton futur build, afin de définir sa forme (image n°3). C'est plus rapide que de le faire d'emblée en taille réelle. Avoir une idée précise de ce que tu vas construire permet de gagner du temps par la suite.

Chapitre 6

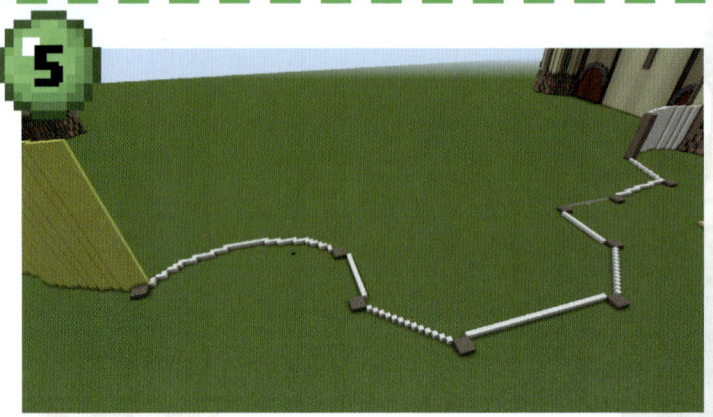

Lorsque tu as défini la forme globale des jardins, place quelques blocs de bois pour marquer l'emplacement des colonnes. Tu auras ainsi une idée des proportions. N'hésite pas à créer des formes arrondies.

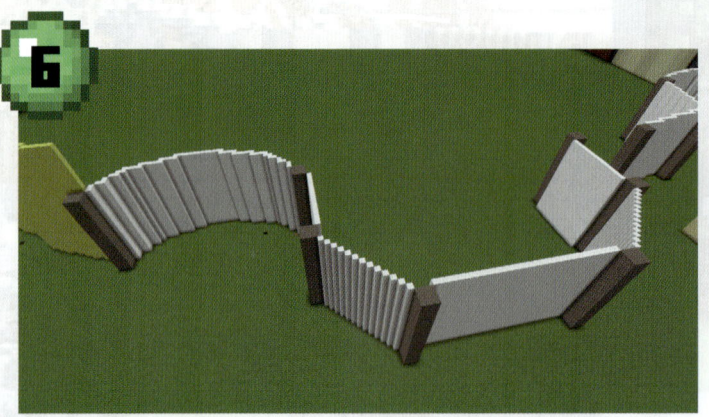

Tu peux ensuite commencer à élever les différents murs. Utilise des proportions similaires à celles des précédents builds. Dans le cas présent, les murs sont hauts d'une trentaine de blocs.

Apprends à construire ton château

Derrière les murs du futur palais, trace une ligne qui rejoint chaque côté des murailles de ton château (à la même hauteur que les murs construis précédemment). Cela te permet de choisir la taille de la zone à surélever.

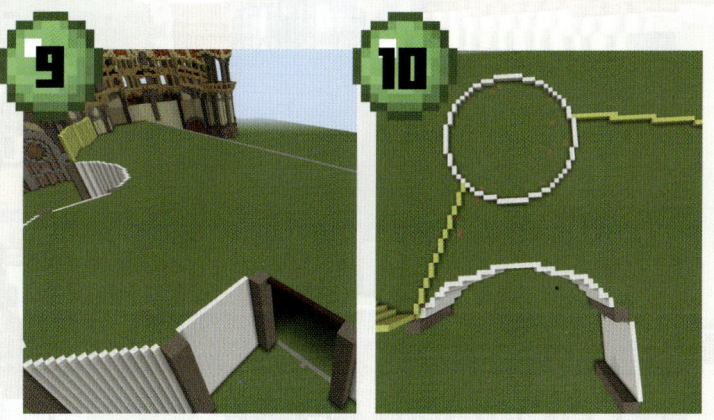

Crée cet étage avec des blocs d'herbe. Plus tard, un escalier permettra d'y accéder. Dans cette zone, trace au sol la position d'une future tour. Réfère-toi au chapitre 2 pour la construire.

dans Minecraft

Chapitre 6

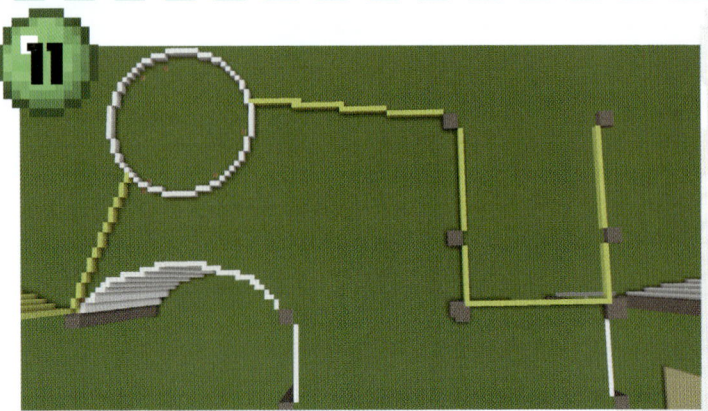

Trace au sol les murs de ton palais. Reproduis les étapes précédentes et prends du recul pour t'assurer que la forme correspond à ce que tu souhaites construire.

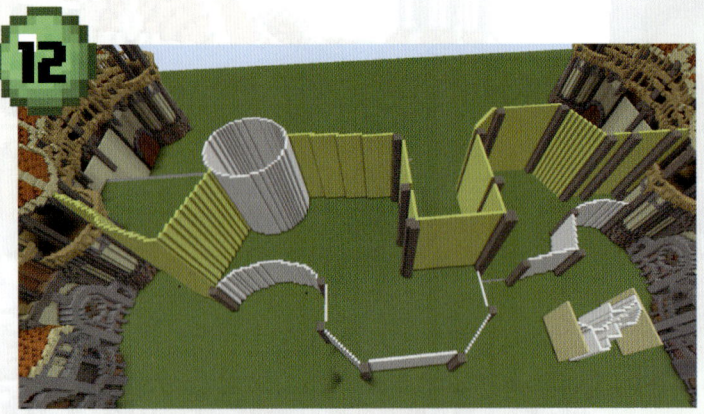

Une fois que tu as défini la forme générale, tu peux commencer à monter les murs du palais et de la future tour. Il y aura sûrement quelques différences par rapport au mini-plan. C'est normal : il faut toujours adapter le build en fonction de ce que tu as déjà construit.

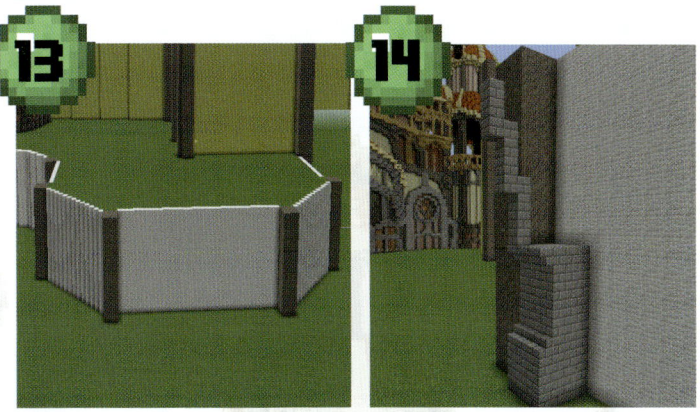

Tu vas commencer par travailler le mur central du jardin. Place une série de blocs de pierre taillée sur une extrémité du mur. Décale-les légèrement en hauteur, comme si tu commençais à fabriquer une arche.

Relie la colonne au mur avec des blocs, puis affine sa courbe avec des escaliers. Construis ensuite trois autres colonnes pour obtenir un résultat similaire à l'image n°16.

dans Minecraft

Chapitre 6

Fabrique une arche pour relier les colonnes, en plaçant une série de blocs de pierre taillée. Décale-les régulièrement d'un bloc (comme tu le faisais au chapitre précédent). Comble le haut de la voûte avec des blocs de laine.

Construis deux petites colonnes, sous la partie centrale de la voûte, en utilisant les blocs de pierre taillée (ainsi que des escaliers, à la base et en haut). Dans cet exemple, les colonnes sont hautes d'une dizaine de blocs.

Apprends à construire ton château

Place d'autres blocs de pierre taillée au-dessus de ces colonnes. Sur le même principe, fabrique des colonnes sur les côtés du mur. Ensuite, utilise des blocs de bois pour créer une courbe similaire en haut du mur.

Positionne les blocs de côté, pour que les nervures du bois soient visibles de face. Répète cette opération sur les deux autres parties du mur.

dans Minecraft

Chapitre 6

Remplace les blocs de laine par du granit (ou par un autre bloc, selon la teinte que tu veux donner à ce mur). Ensuite, commence à fabriquer les colonnes du mur adjacent.

Utilise à nouveau des blocs de pierre taillée et des escaliers pour créer ces colonnes. Tu peux ensuite remplacer les blocs de laine par du granit. Ajoute du volume au sommet en reprenant les techniques et les matériaux utilisés précédemment.

Ajoute une colonne centrale en pierre et agrémente-la d'escaliers. Tu peux ensuite tailler dans la matière au centre de la colonne, comme tu l'as fait pour les tours, afin de créer du relief.

Sur un autre mur, utilise à nouveau des blocs de pierre taillée pour fabriquer deux colonnes, en reprenant les étapes n°14 à 18. Place les blocs de façon à créer une voûte, en les décalant d'un cran.

dans Minecraft

Chapitre 6

Prolonge le toit de la voûte jusqu'à rejoindre le mur. Ensuite, fabrique une colonne au milieu du mur et épaissis-la, comme sur l'image n°34.

Choisis le bloc de granit et remplace la laine du mur pour lui donner une teinte plus sombre. Tu peux maintenant t'occuper de la porte principale du palais. Commence par tracer sa forme sur le mur, à l'aide de planches de bois.

Apprends à construire ton château

Épaissis l'encadrement de la porte. Dans cet exemple, il mesure 3 blocs de large. Place ensuite une série de blocs au centre pour délimiter les deux battants.

Utilise des planches d'un bois plus sombre pour les battants. Avec des blocs d'argile durcie cyan, tu vas fabriquer les heurtoirs. Crée une forme arrondie et épaissis la partie basse pour lui donner du volume.

Chapitre 6

Utilise des blocs plus clairs (ici, de la diorite) pour fabriquer la partie mobile du heurtoir. Place ensuite de l'argile orange sur certaines parties du mur pour donner l'impression que des morceaux de roche y sont incrustés.

Tu peux détailler davantage la porte d'entrée en ajoutant des traverses horizontales et verticales. Tu peux aussi utiliser de la laine grise ou une argile sombre et la placer au milieu de la porte. Enfin, si tu ajoutes de l'épaisseur sur un seul battant, tu donneras l'illusion que la porte est sur le point de s'ouvrir.

Apprends à construire ton château

Sur chaque mur adjacent à la porte, tu peux tracer le cadre d'une fenêtre. Pose des planches de bois pour former la voûte, comme tu l'as fait pour la porte d'entrée. Utilise un bois plus clair pour fabriquer un balcon en bas.

Avec des planches de bois sombre, trace des arcs pour habiller le cadre de la fenêtre. Ensuite, pose des blocs de verre orange. Si tu poses plusieurs couches de verre, la lumière et l'impression de profondeur seront plus intenses (surtout si tu places des pierres lumineuses derrière).

dans Minecraft

Chapitre 6

Le pan de mur suivant (adjacent à la fenêtre que tu viens de construire) est composé d'une sorte de balcon sur lequel vont reposer deux fenêtres. Pour le construire, utilise des blocs de bois et pose-les en suivant les décrochages du mur.

Trace la forme des fenêtres avec un bois différent de celui du balcon. Pose une ligne de blocs au-dessus des fenêtres. Comme à l'étape n°42, tu peux utiliser de l'argile pour dessiner des morceaux de roches encastrés dans le mur.

53

Pose les traverses sur les fenêtres et une série de blocs au centre pour symboliser les vantaux. Ensuite, pose les blocs de verre. Comme à l'étape n°48, tu peux changer l'épaisseur du vitrage et sa luminosité.

54 55

Utilise des planches de bouleau et de l'argile durcie orange pour créer le toit, sur le même principe que les précédents.

Chapitre 6

Le résultat final devrait ressembler à l'image n°56. Ensuite, utilise des blocs d'argile durcie pour habiller le pan de mur situé entre la porte du palais et la fenêtre.

Fabrique une arche en planches de chêne. Ensuite, pose une colonne de planches en bois qui monte jusqu'au sommet du mur. Comme d'habitude, épaissis-la régulièrement.

Prolonge les murs de l'entrée du palais. Dans cet exemple, le mur a été élevé de 80 blocs supplémentaires. Au centre, utilise des planches de bois sombre et trace un cercle de plusieurs blocs d'épaisseur pour fabriquer un œil de bœuf.

Habille cette fenêtre en prolongeant légèrement son châssis, comme sur l'image n°62. Utilise ensuite des blocs de bois pour tracer le cadre intérieur. Place enfin des blocs de verre.

dans Minecraft

Chapitre 6

À l'aide de planches de bois, crée un encadrement autour de l'œil de bœuf et un linteau en haut du mur. Fais partir des blocs de bois en arrondi pour créer la charpente du toit. Ensuite, place les tuiles en utilisant des blocs d'argile durcie orange.

Comble la charpente avec le bloc utilisé pour le mur. Ici, c'est un bloc champignon qui a été utilisé. Tu peux le récupérer en utilisant la commande : /give @p minecraft:brown_mushroom_block.

Apprends à construire ton château

Si tu en as le courage, tu peux ajouter le toit d'une tour à celui du palais royal pour le rendre encore plus majestueux. Ensuite, tu peux fabriquer le toit et les façades arrière du bâtiment en utilisant les différentes techniques utilisées jusqu'à présent.

Pose des planches de chêne pour créer un escalier montant jusqu'à la plateforme (créée à l'étape n°9) où se trouve le palais. Utilise également des escaliers entre chaque hauteur de blocs, pour donner plus de détails aux marches.

dans Minecraft

Chapitre 6

Comme pour n'importe quelle autre construction, il ne faut pas hésiter à varier les formes et les couleurs. L'essentiel est de rester simple au départ et d'ajouter du détail au fur et à mesure. Le choix des teintes est parfois plus important que la complexité du build. Tu peux retrouver ce château en téléchargement sur le site www.planetminecraft.com/member/team_celticraft/. Tu pourras ainsi aller voir en détail certaines parties du build qui ne sont pas expliquées ici (comme l'arbre ou certaines portions de murs).

Apprends à construire ton château

Merci à la communauté Minecraft qui partage régulièrement ses créations sur Internet. J'espère que ce livre vous fera progresser dans les constructions que vous allez entreprendre.

Dédicace spéciale à Artase et à toute la team CeltiCraft, sans qui ce livre n'aurait pas pu voir le jour. Tu peux découvrir d'autres créations de cette équipe en suivant leurs réseaux sociaux (CeltiCraft sur Youtube, @TeamCeltiCraft sur Twitter).

 @SLeflou

 Stef Leflou